RONDO

Arbeitsheft 2

Musiklehrgang für die Grundschule

Inhalt **Seite**

Autor
Wolfgang Junge

Notensatz
Susanne Höppner

Illustrationen
Elisabeth Lottermoser
Assen Münning

Mildenberger

Ordne die Reimanfänge den Balken zu.

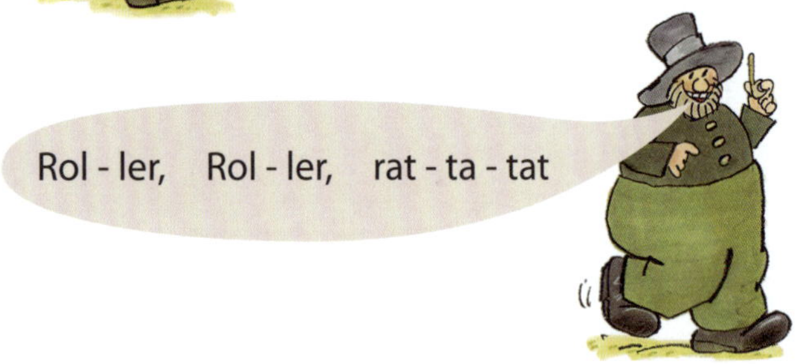

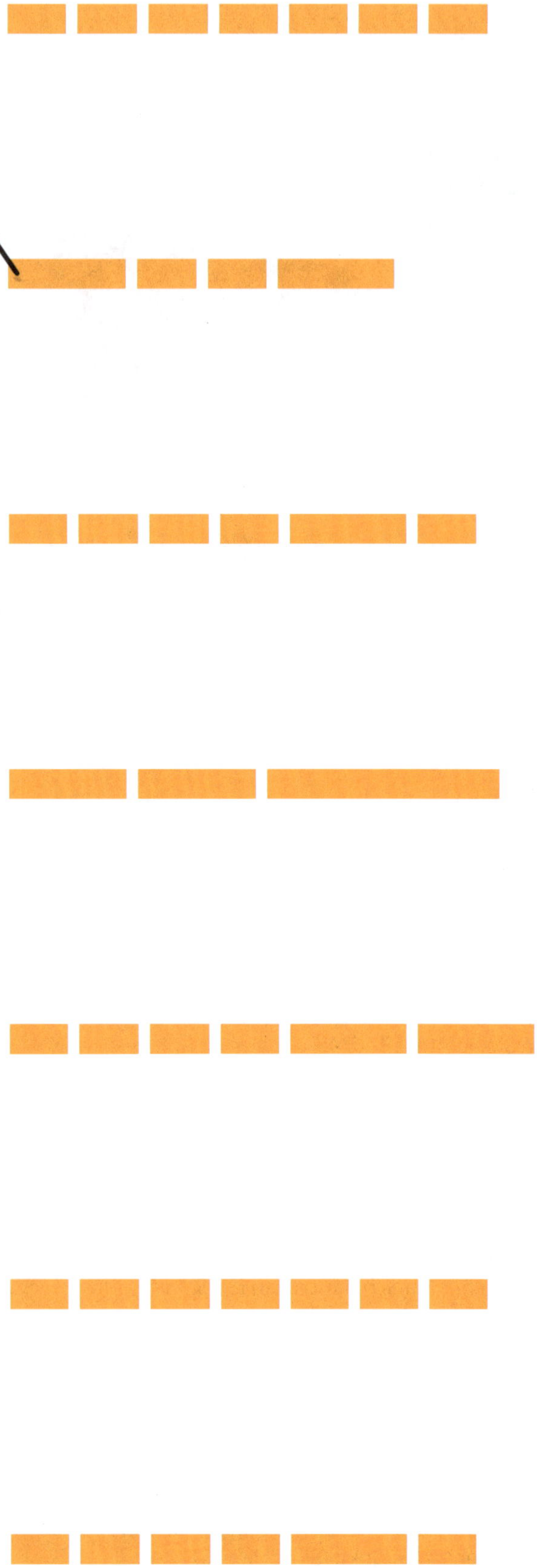

Die Reimanfänge mit der jeweils passenden grafischen Notation verbinden

Welche Notenzeile passt zur Musik?
Verbinde die Notenköpfe mit einer farbigen Linie.

1

Gerda Bächli

2

Edvard Grieg

3

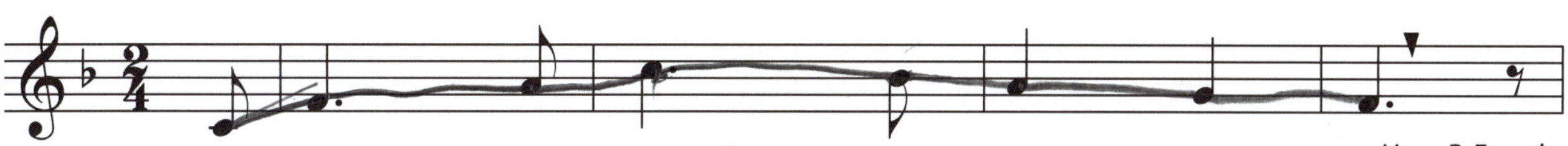

Hans R. Franzke

Welche Instrumente hörst du? Kreuze an und zähle dann zusammen.

	1	2	3	4	5	6	Insgesamt
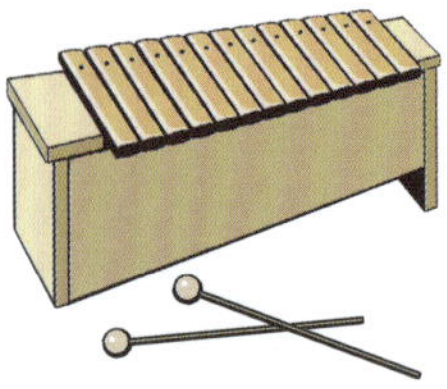	☐	☐	☐	☐	☐	☐	☐
	☐	☐	☐	☐	☐	☐	☐
	☐	☐	☐	☐	☐	☐	☐
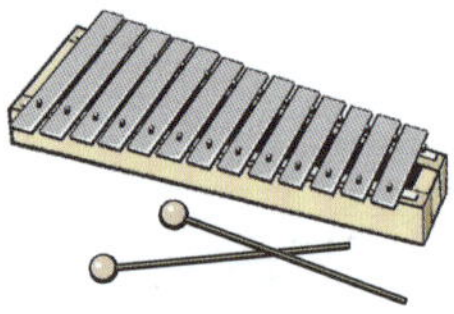	☐	☐	☐	☐	☐	☐	☐
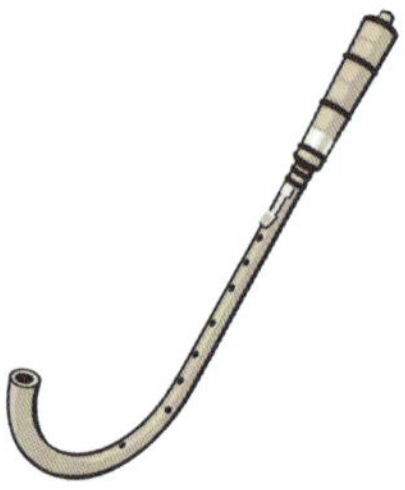	☒	☐	☐	☐	☐	☐	☐
	☐	☐	☐	☐	☐	☐	☐
	☒	☐	☐	☐	☐	☐	☐
	☐	☐	☐	☐	☐	☐	☐

B 1 bis 6 hören; nach jedem Ausschnitt die gehörten Instrumente ankreuzen; die Kreuze jedes einzelnen Instruments zusammenzählen und die Summe in das jeweils letzte Kästchen eintragen

Die Schneeballschlacht

Welche Schneebälle sind so angeordnet wie die Noten unten?
Male sie aus.

volkstümlich

Das Lied „A, a, a, der Winter, der ist da!" singen und den Melodieverlauf mit der Hand anzeigen; die Melodielinie des B-Teils in das Bild eintragen, indem die entsprechenden Schneebälle ausgemalt werden

Welche Instrumente passen zu welchem Bild? Höre und ordne zu.

B 17, 15 und 18 hören; die drei Bilder mit den jeweils dazugehörigen Instrumenten verbinden

Welche Noten gehören zu welchen Balken? Ordne zu und male aus.

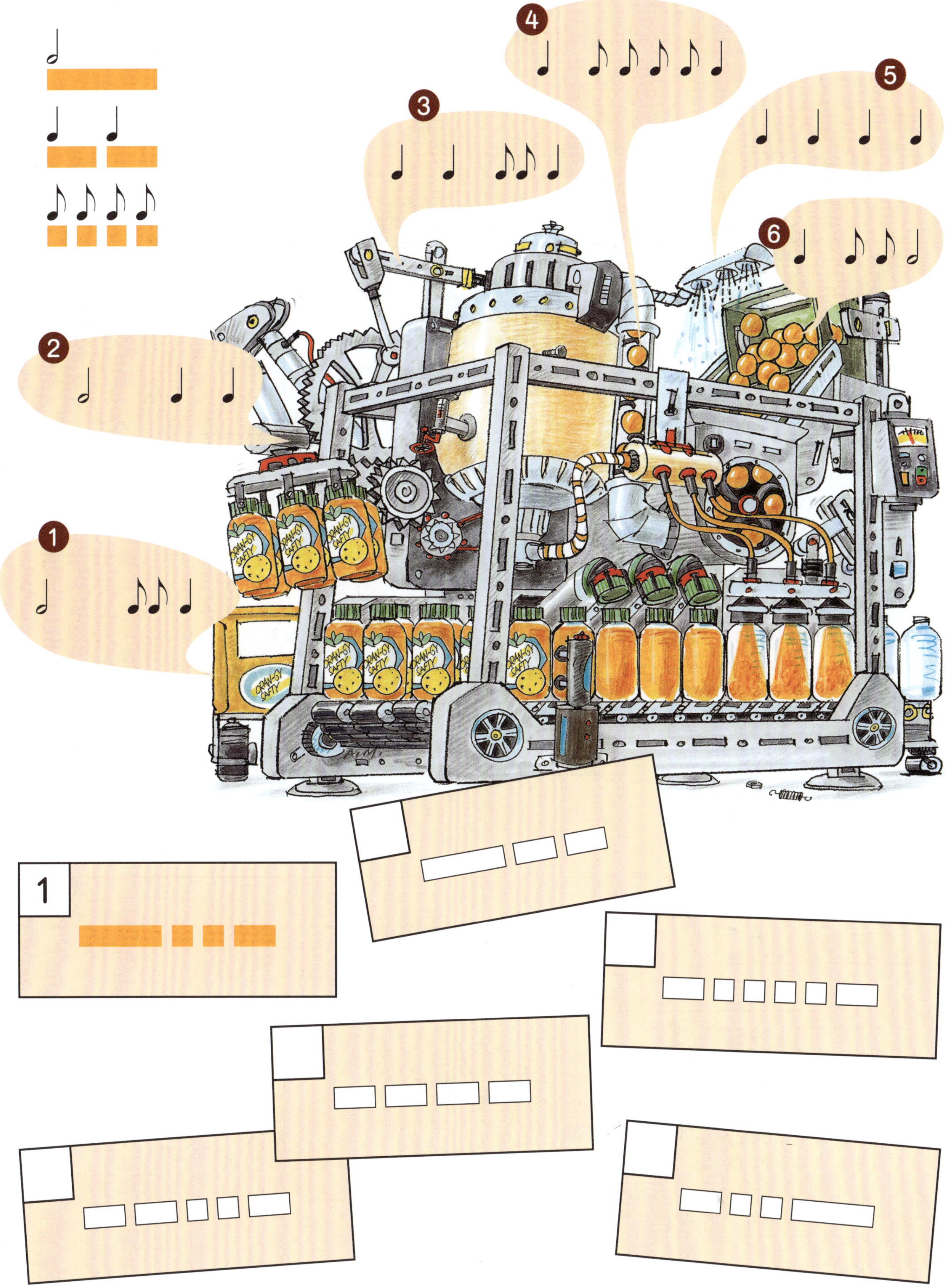

Kreuze die Instrumente in der richtigen Farbe an.

X = zupfen X = schlagen X = blasen X = schütteln

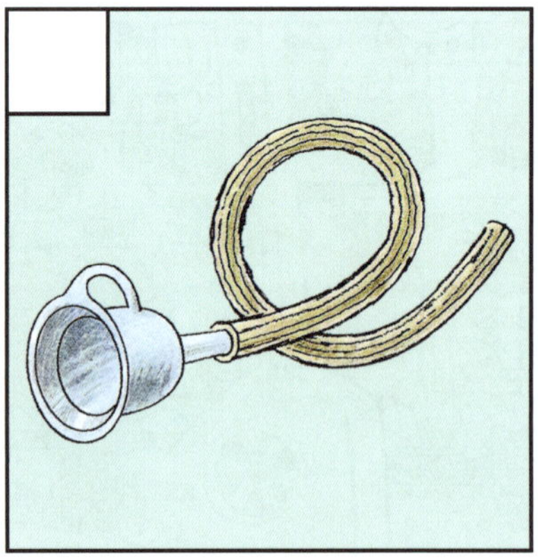

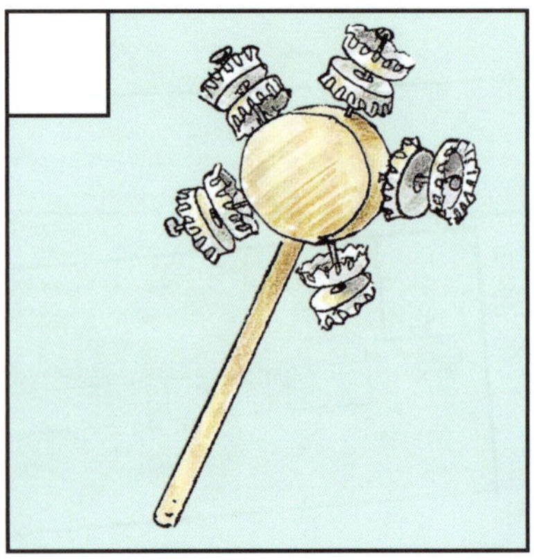

Die Instrumente nach Spielweise ordnen und mit den entsprechenden Farben kennzeichnen

Beschrifte die Teile der Blockflöte.

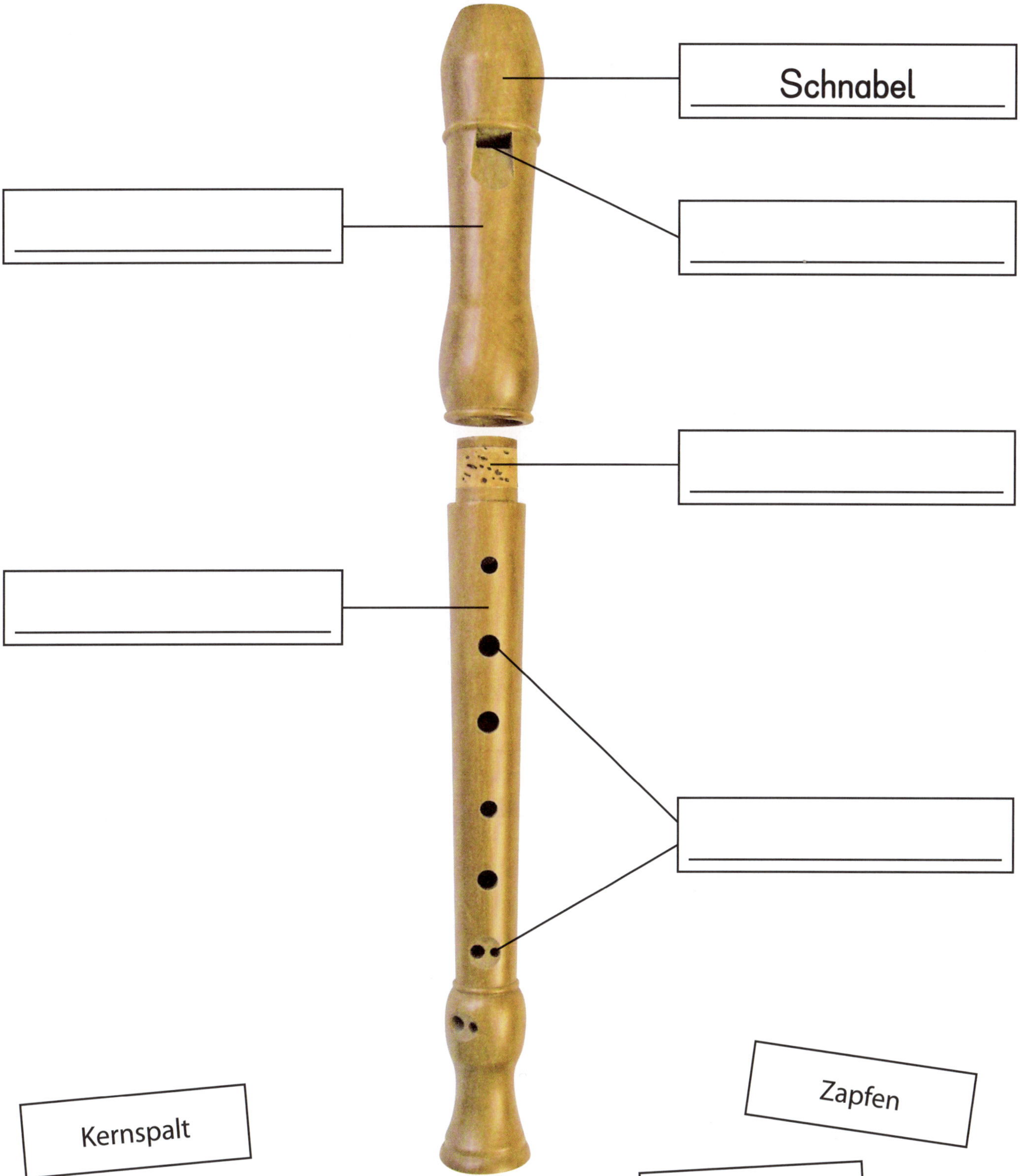

Kernspalt

Zapfen

Grifflöcher

~~Schnabel~~

Flötenkörper

Flötenkopf

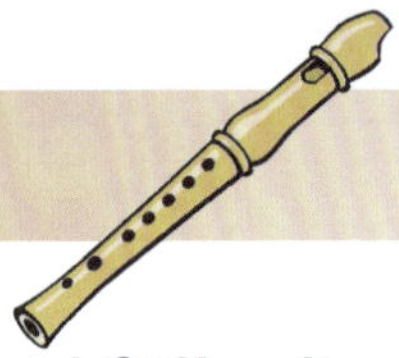

Spiele auf der Blockflöte und fülle die Grifftabelle aus.

a g f f a g f f

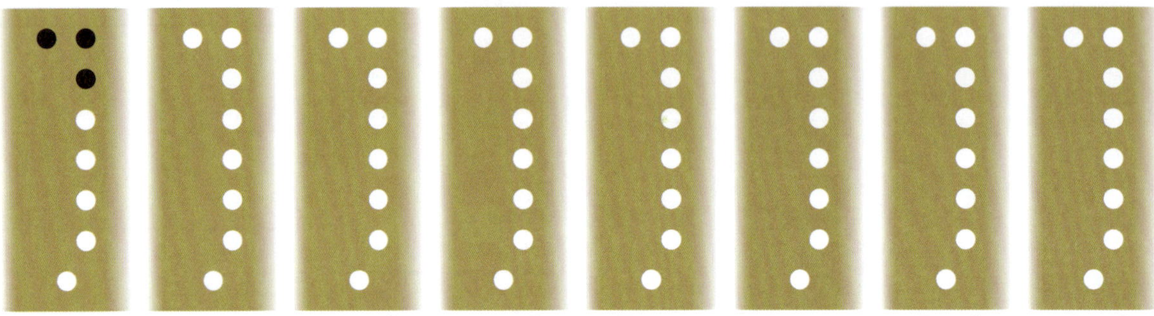

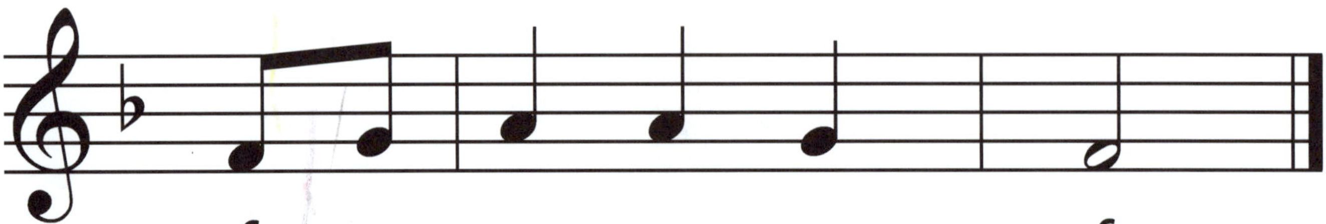

f g a a g f

Instrumente – Aussehen, Namen, Spielweisen I

zu Seite 75

Ordne die Instrumente den Namen und den Schattenbildern zu und markiere die Instrumente mit verschiedenen Farben.

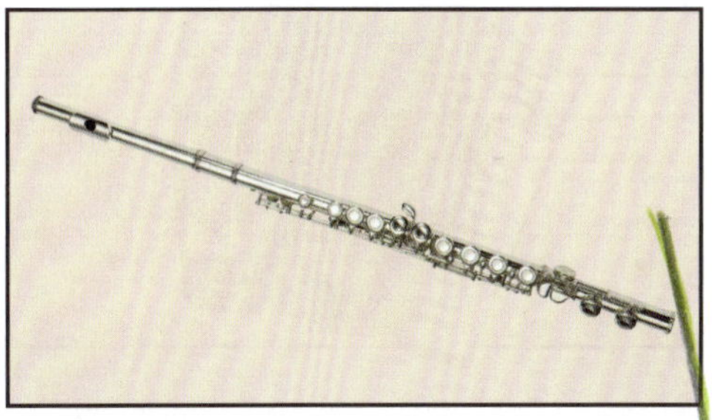
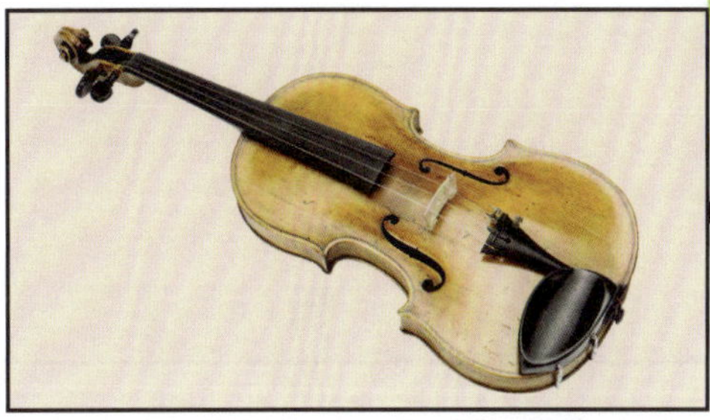
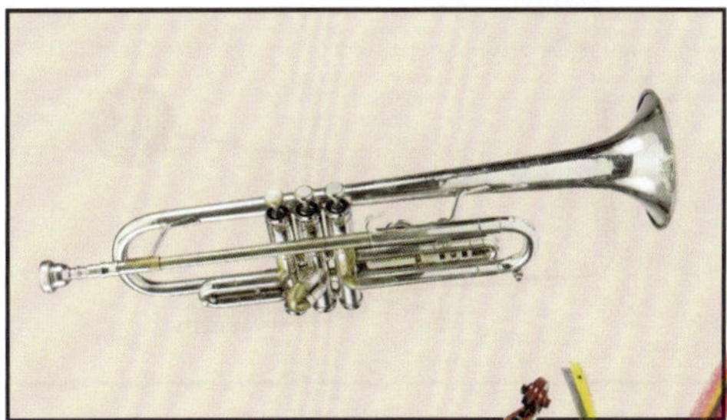

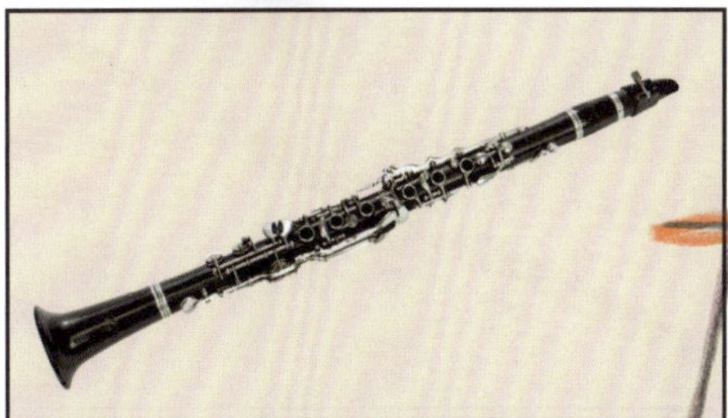

Violine

Kontrabass

Pauke

Querflöte

Klarinette

Trompete

Die zusammengehörenden Schattenbilder, Instrumentennamen und Abbildungen jeweils durch Linien verbinden;
die Blasinstrumente, die Streichinstrumente und das Schlaginstrument jeweils mit einer anderen Farbe einkreisen

Ordne die Instrumente den Namen und den Schattenbildern zu.

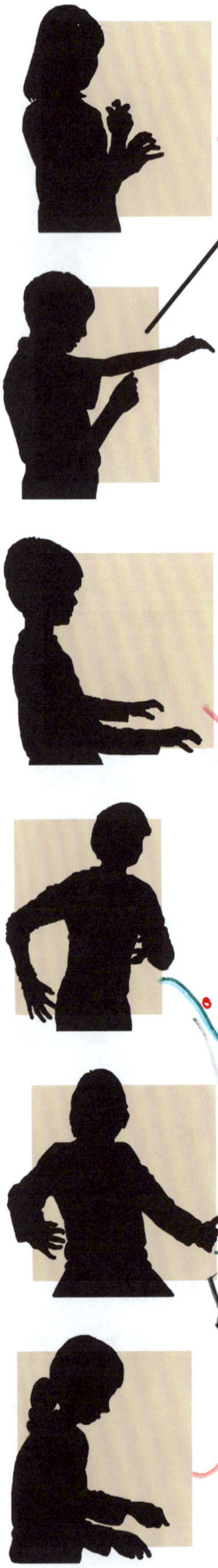

Vibraslap

Blockflöte

Akkordeon

Glockenspiel

Klavier

Fagott

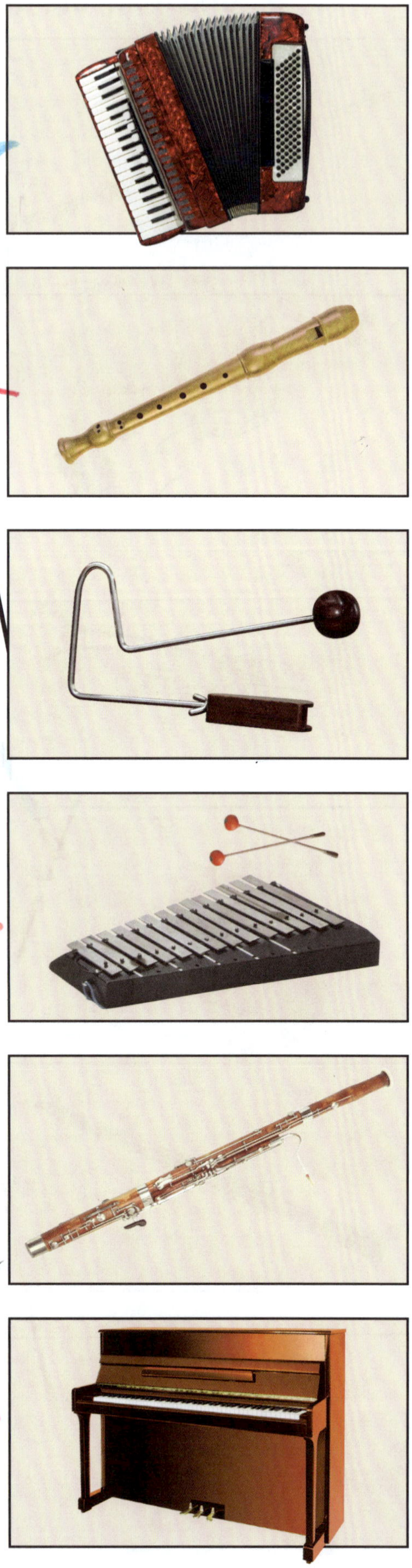

Die zusammengehörenden Schattenbilder, Instrumentennamen und Abbildungen jeweils durch Linien verbinden; die Schulinstrumente, die Blasinstrumente und die Tasteninstrumente jeweils mit einer anderen Farbe einkreisen

Welche Instrumente sind auf allen drei Lastwagen zu sehen?
Kreise ein und schreibe auf.

Diese Instrumente sind auf allen drei Lastwagen zu sehen:

________________ ________________ ________________

Drei Musikgruppen fahren auf Konzerttournee; ihre Instrumente haben sie auf Lkw geladen; diejenige Instrumente einkreisen, die auf allen 3 Lkw zu sehen sind; deren Namen notieren; Instrumente: Akkordeon, Gitarre, Klarinette, Kontrabass, Querflöte, Violine

Ordne die Wörter den Bildern zu und schreibe sie auf.

Gasse

Zweierreihe

Gasse

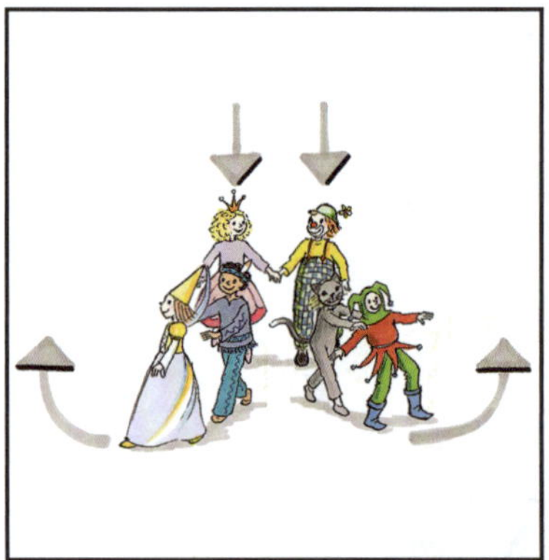

Kreis

Umzug

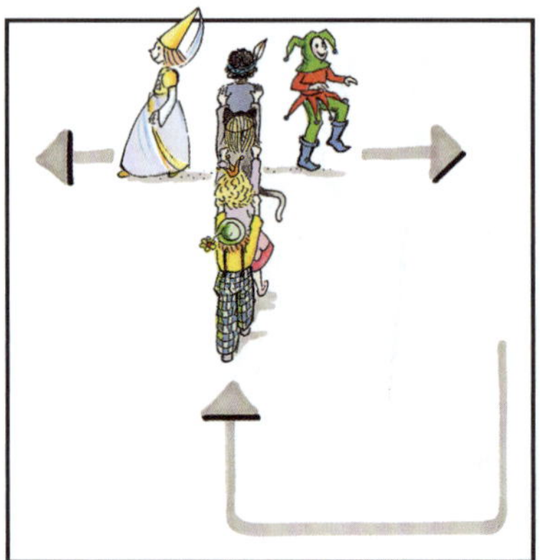

Schlange

Teilung

Die Bilder mit den passenden Namen der Tanzfiguren verbinden und die Wörter unter das jeweilige Bild schreiben

1. Trage den Abbau und den Aufbau der Wörter ein.

W A N Z E
W A N Z

T A N Z E N
T A N Z

2. Trage den Abbau und den Aufbau der Wörter ein.

A M S E L

S I N G E N

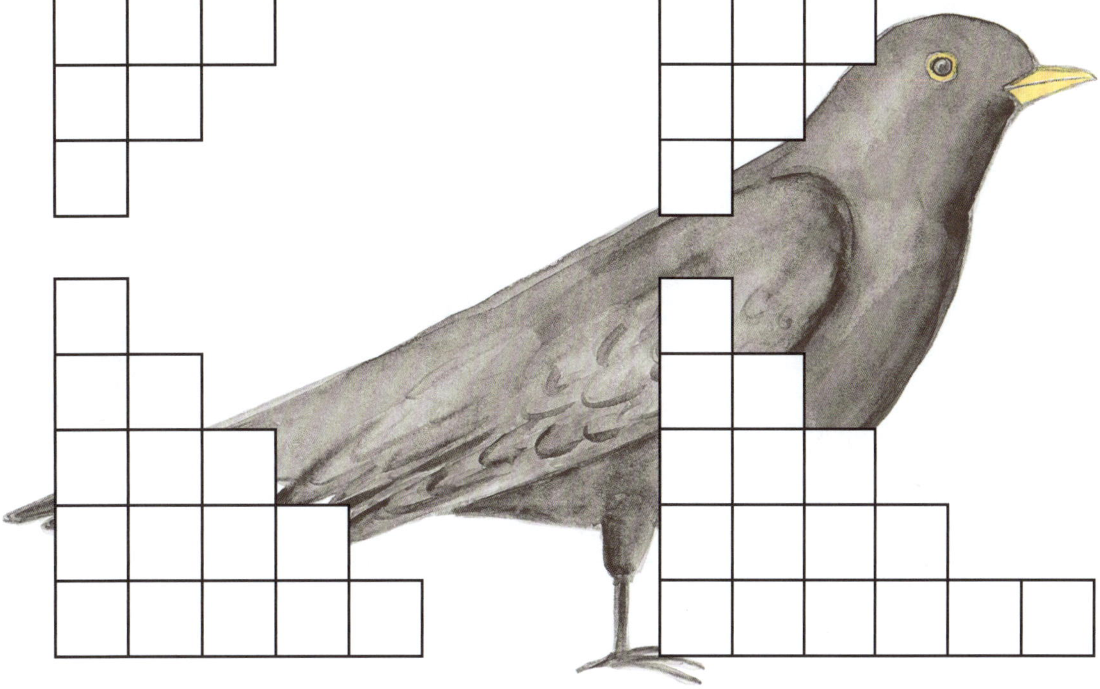

1. Den Ab- und Aufbau der Wörter entsprechend eintragen
2. Den Ab- und Aufbau der Wörter entsprechend eintragen

Trage die richtigen Tierlaute ein.

gackgackgack | töröö | krah | grunz | miau | sssss

kuckuck | ~~i-ah~~ | piep | brumm | summ summ | wuffwuff

i-ah

Die richtigen Tierlaute zu den passenden Bildern schreiben

Höre die Musik und kreuze die richtigen Antworten an.

1. Welche Instrumente spielen in diesem Stück?

- [ ] Klavier, Geige, Cello, Kontrabass
- [ ] Querflöte, Oboe, Klarinette, Fagott
- [ ] Geige, Cello, Trompeten, Pauken

2. Wie oft wird Teil A gespielt?

Teil A = 

- [ ] fünfmal
- [ ] zweimal
- [ ] viermal

3. Welches Instrument spielt die Einleitung?

- [ ] Tuba
- [ ] Klavier
- [ ] Cello

4. Welche Melodielinie passt zur Melodie von Teil B?

Teil B = 

- [ ] 
- [ ] 
- [ ] 

C 38 hören und die richtigen Antworten ankreuzen

Höre die Musik und male zu den drei Teilen passende Klangzeichen.

C 39 hören und die drei unterschiedlichen Teile A, B und C erkennen; zu diesen drei Teilen dann passende grafische Zeichen in das jeweilige Aquarium malen

Trage die richtigen Wörter ein.

1. Komm, stell dich mal mit mir in den Wind!
Dann spielen wir, dann spielen wir,
dass wir zwei starke ______________________  sind.

2. Komm, lass dich einfach treiben im Wind!
Dann spielen wir, dann spielen wir,
dass wir zwei ______________________  sind.

3. Komm, lass die Haare zausen im Wind!
Dann spielen wir, dann spielen wir,
dass wir zwei ______________________  sind.

4. Komm, lass die Arme fliegen im Wind!
Dann spielen wir, dann spielen wir,
dass wir zwei schnelle ______________________  sind.

5. Komm, mach dich leicht und weich im Wind!
Dann spielen wir, dann spielen wir,
dass wir zwei weiße ______________________  sind.

Dorothée Kreusch-Jakob

Eisenbahnmusik

1. Schreibe die passenden Noten über die Balken.

2. Schreibe die passenden Noten über die Balken.
Klatsche und sprich den Text.

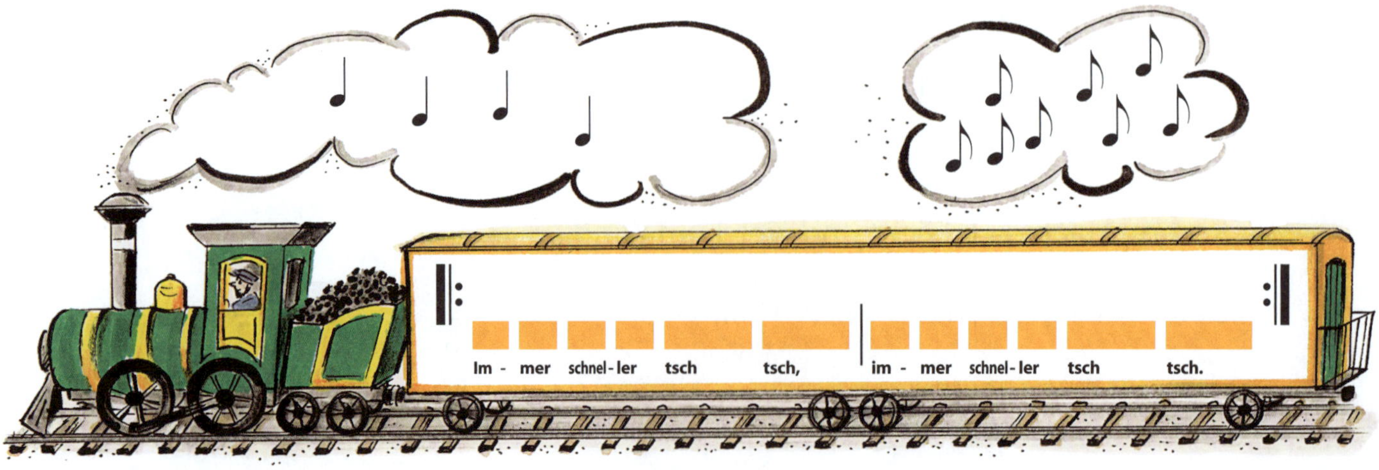

1. Die passenden Notenwerte über den Balken eintragen; jede verwendete Note aus dem Notenpool durchstreichen
2. Die passenden Notenwerte über den Balken des neuen „Eisenbahnrhythmus“ eintragen; jede verwendete Note aus dem Notenpool durchstreichen; den Rhythmus klatschen und sprechen

zu Seite 22, 70, 71, 93, 133

1. Jede Flasche stellt einen Ton dar. Ordne die Flaschen von tief zu hoch.

___ 1 ___ ___ ___

2. Ordne die Flaschen nach der Melodie des Liedanfangs.

Kuckuck, Kuckuck

1 3 2 4 5 7 6 8

Großer König Tinizong

___ ___ ___ ___ ___ ___ ___

Summ, summ, summ

___ ___ ___ ___ ___ ___ ___ ___

1. Die Flaschen von tief nach hoch mit Rangzahlen versehen
2. Die Flaschen entsprechend der Töne der jeweiligen Liedanfänge ordnen und mit Rangzahlen versehen

Erfinde ein Sprechstück mit den Tier- und Pflanzennamen und schreibe es mit Worten und Balken auf.

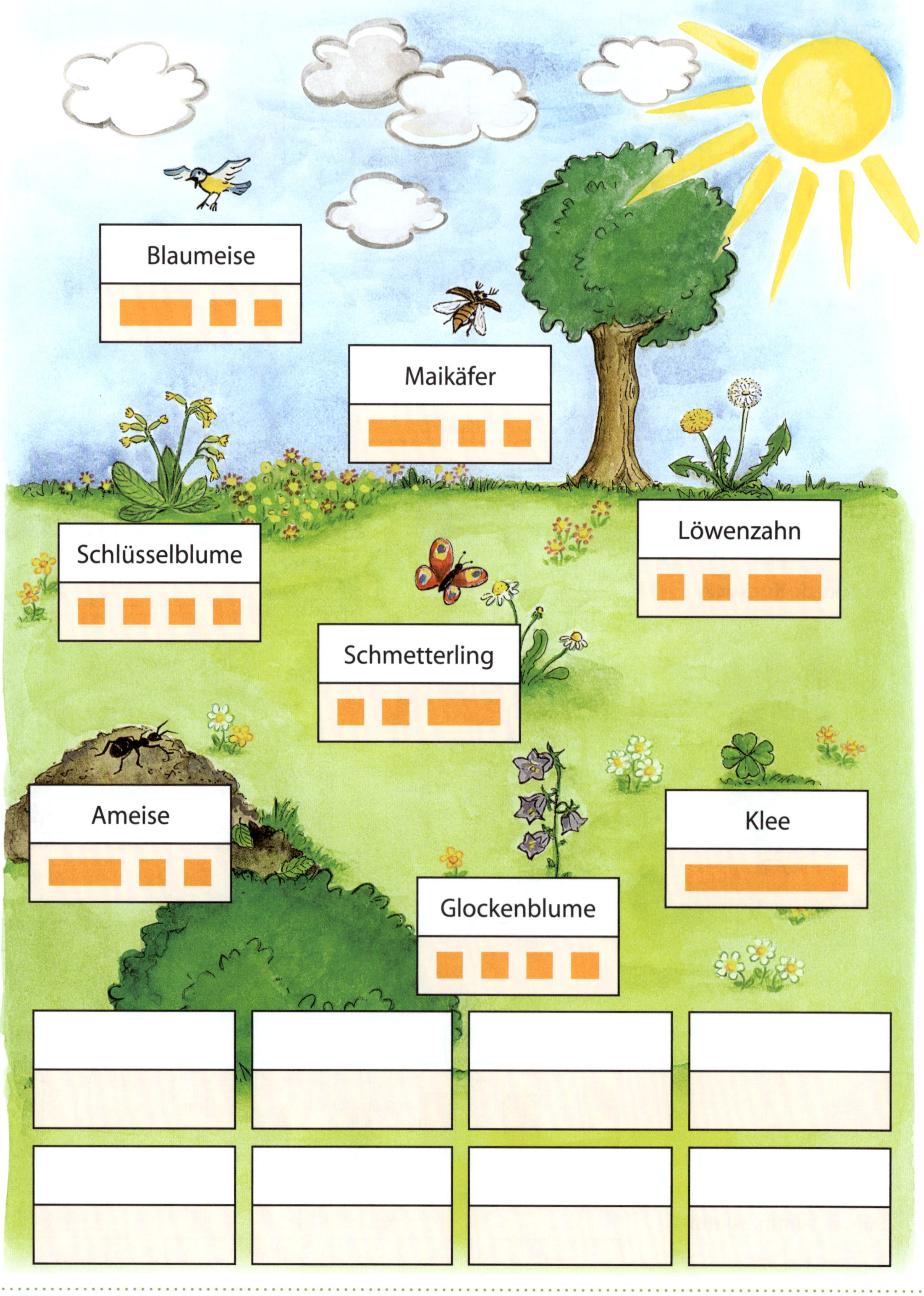

Ein Sommerwiesen-Sprechstück mit diesen Tier- und Pflanzennamen erfinden; das Sprechstück unten notieren

Welches Instrument gehört zu welchem Bild? Trage ein.

Violine

Pauke

Klarinette

Querflöte

Horn

Oboe

Fagott

Violine

Die Namen der Instrumente unter das jeweils passende Bild schreiben

Trage die richtige Lösung ein.

1. Wolfgang Amadeus Mozart wurde

   im Jahre ______________ geboren.

   (1856 – 1756 – 1956)

2. Mozarts Geburtsstadt ist

   ______________________.

   London – Paris – Salzburg

3. Wolfgang Amadeus Mozart wurde

   __________________ genannt und seine

   Schwester Maria Anna wurde

   __________________ genannt.

   Woga – Gangi – Wolferl/Marie – Nannerl – Anni

4. Wolferl und Nannerl besuchten nie

   eine Schule. Sie wurden vom

   ______________ unterrichtet.

   Nachbarn – Gärtner – Vater

5. Wolferl schrieb seine erste Sinfonie

   mit ______________ Jahren.

   achtundzwanzig – acht – achtundsechzig

Musik von Mozart – meine Bilder

– Höre die Musik und male ein Bild zu jedem Stück.

D 27 (Eine kleine Nachtmusik), D 28 (Klavierkonzert), D 29 (Klarinettenkonzert) und D 32 (Requiem) hören und dazu vier Bilder malen

Instrumenten-Sudoku

zu Seite 156, 157

Schneide die Bilder auf Seite 31 aus und klebe sie an der richtigen Stelle ein.

	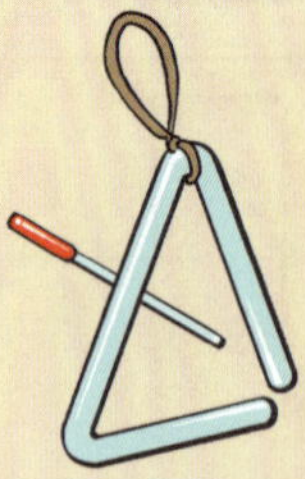		
Handtrommel	Triangel	Klanghölzer	Becken

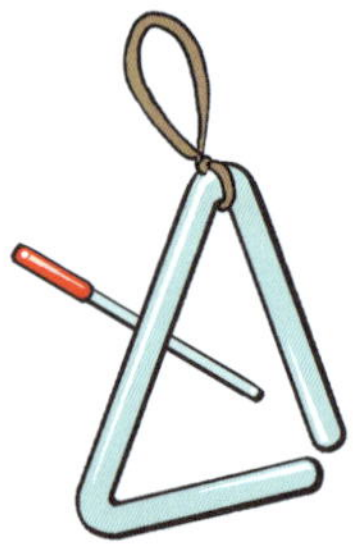			
		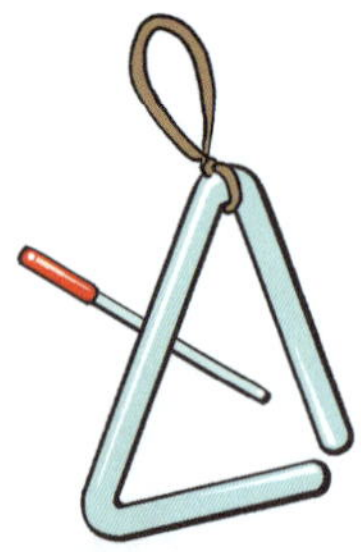	
			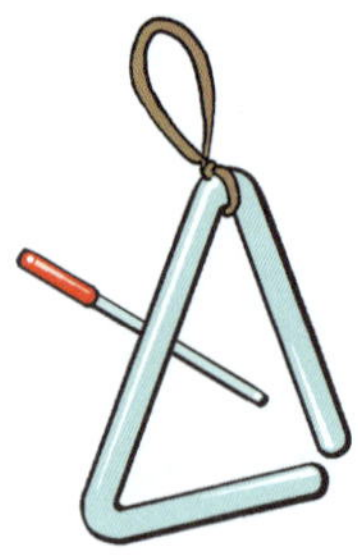
	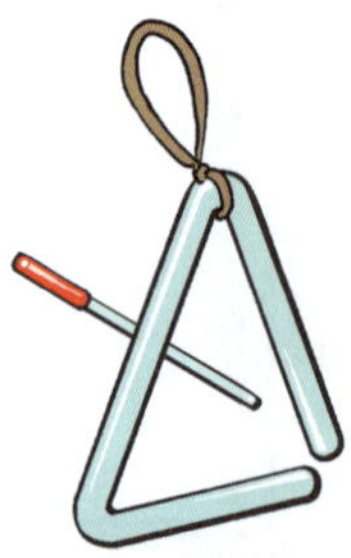		

Die Instrumente auf Seite 31 ausschneiden und so auf dem Gitter verteilen, dass in jeder Spalte, jeder Zeile und in jedem Vierer-Feld jedes Instrument nur einmal vorkommt

Löse das Rätsel und finde das Lösungswort.

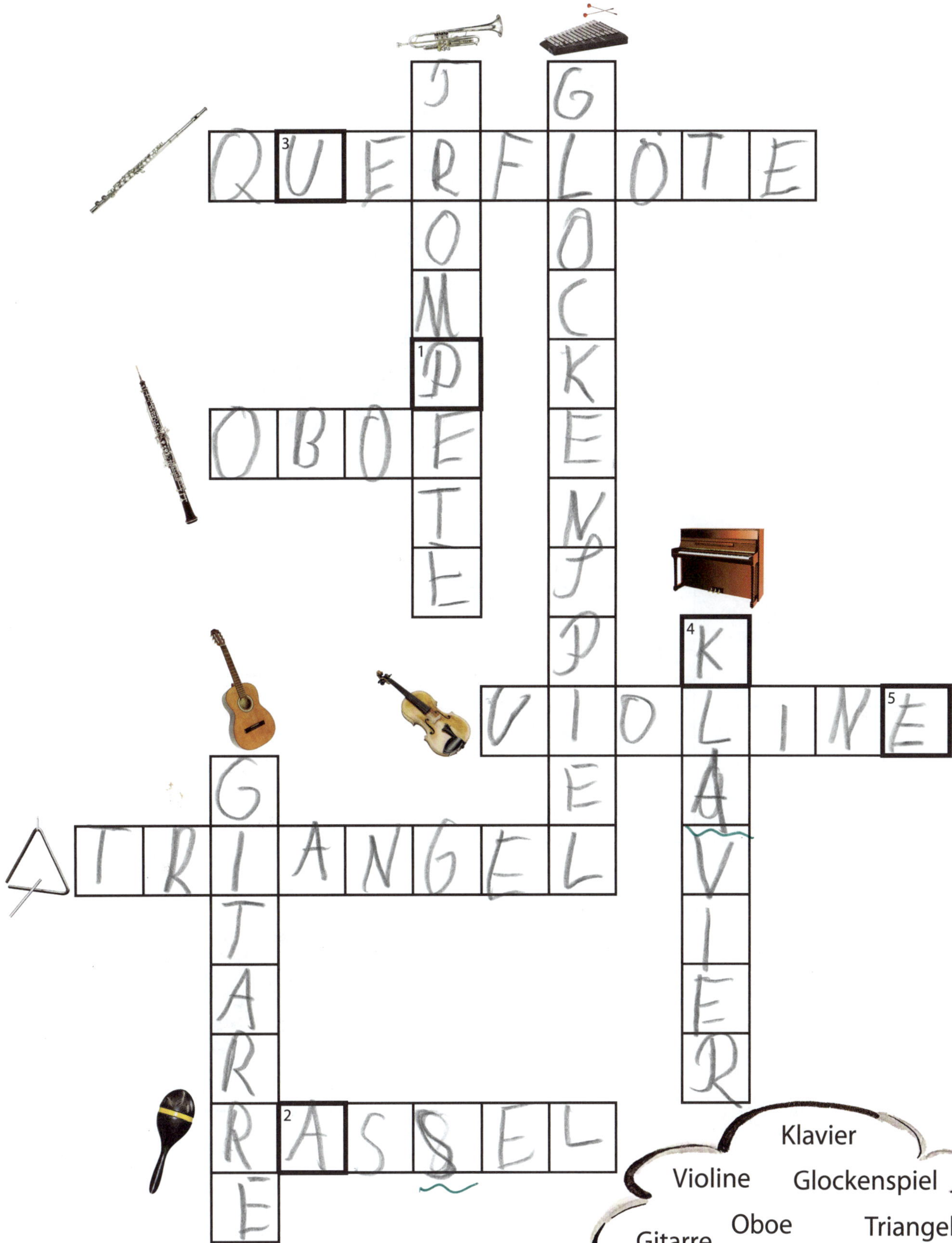

Klavier
Violine
Glockenspiel
Gitarre
Oboe
Triangel
Querflöte
Trompete
Rassel

Lösungswort: | 1 P | 2 A | 3 U | 4 K | 5 E |

Die richtigen Instrumentennamen in das Rätsel eintragen; die Kästchen mit den Nummern bilden das Lösungswort

Ordne die Instrumente den Namen zu.
Welche zwei Instrumente hörst du? Schreibe auf.

Pauke

Klarinette

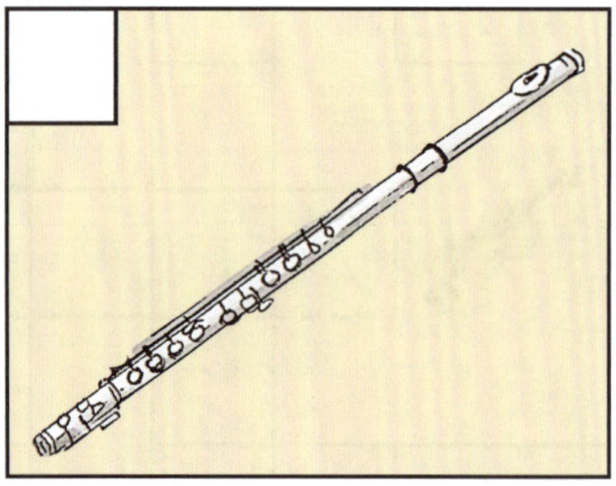

Horn

Querflöte

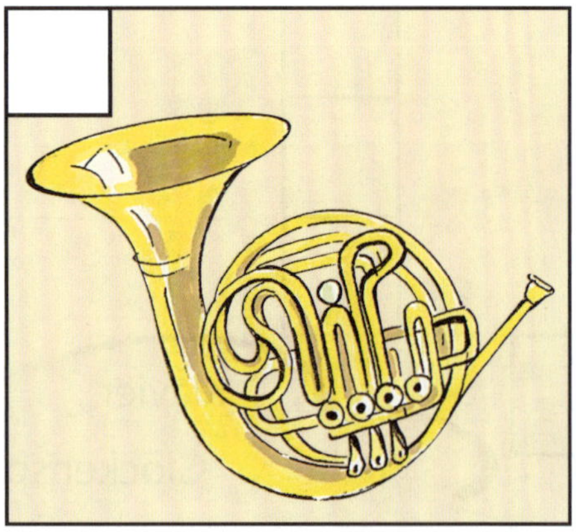

Violine

Es sind diese zwei Instrumente zu hören:

______________________ ______________________

Die Instrumentennamen mit den Abbildungen durch eine Linie verbinden; zwei Instrumente ankreuzen, die auf D 36 zu hören sind; die zwei Instrumentennamen aufschreiben

Schneide die Bilder auf Seite 31 aus und klebe sie an der richtigen Stelle ein.

Laut

Mittellaut

Leise

Die Bilder auf Seite 31 ausschneiden und passend einkleben

1. Ordne die Noten den Balken zu.

2. Verbinde die Noten mit den richtigen Balken.

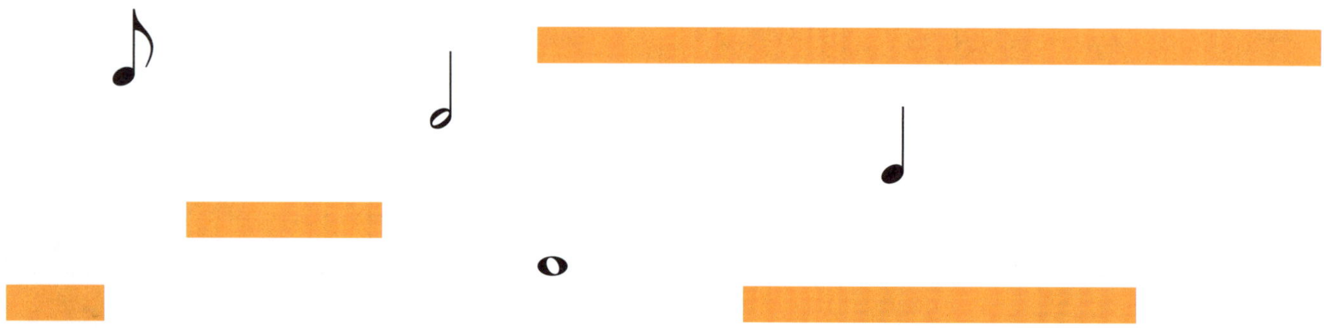

1. Die passenden Notenwerte über den Balken eintragen; jede verwendete Note aus dem Notenpool durchstreichen
2. Die Notenwerte mit einer Linie mit dem jeweils dazu passenden Balken verbinden

zu
Seite 26

zu
Seite 29